A parábola dos
talentos
CB002088
Paulinas

Um homem,
prestes a partir para uma viagem,

... chamou os seus empregados e lhes entregou os seus bens.

Ao primeiro
empregado,
o patrão deu
cinco talentos,

... ao segundo, dois,
e ao terceiro, um.
A cada um de acordo
com a sua capacidade.

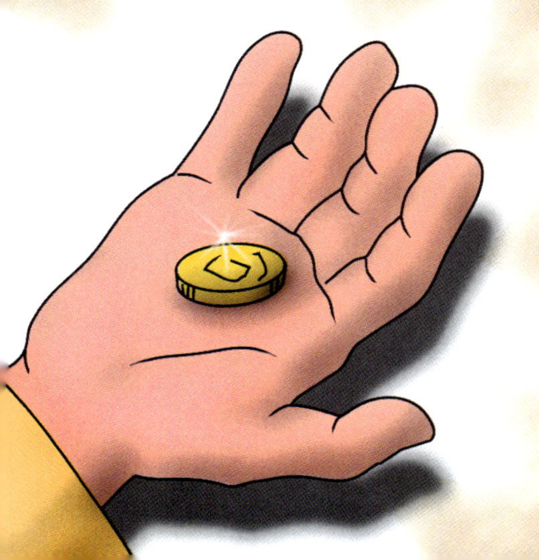

E, então, partiu.

Aquele que tinha recebido cinco talentos, comprou produtos e revendeu...
... ganhando outros cinco talentos.

A mesma coisa fez aquele
que tinha recebido os dois
talentos...
Pensão
... e ganhou
outros dois.

?
Mas aquele que
tinha recebido só
um talento...

... cavou um
buraco na terra
e nele escondeu
o dinheiro.

Quando o patrão voltou
para casa, o primeiro e
o segundo empregados
apresentaram
os talentos
duplicados.
Receberam, assim,
elogios pelo seu empenho.

Já o terceiro empregado apresentou o único talento recebido, dizendo que, com medo de perdê-lo, o havia escondido. Isso provocou a raiva do seu patrão...

... que puniu o
empregado
preguiçoso:
tirou dele o
único
talento...
...e deu-o ao primeiro
empregado
Depois,
o expulsou
de sua casa.

Leia a parábola dos talentos em Mateus, capítulo 25, versículos de 14 a 30.

Há muito tempo, os talentos eram dinheiro, mas, para nós, representam os "dons" que Deus concede a cada um. O patrão da parábola é justamente Deus e os empregados somos nós. Se você recebe um presente de alguém, o que faz? Deixa-o embalado e o guarda numa gaveta, ou abre e começa a usá-lo? A mesma coisa deve acontecer com os dons que Deus nos deu no momento do nosso nascimento: inteligência, vontade, coragem... Não devemos conservá-los fechados dentro de nós, sem colocá-los a serviço dos outros e de nós mesmos. Seria um verdadeiro desperdício e nós estaríamos nos comportando como o empregado preguiçoso, que escondeu o dinheiro para não correr riscos e perdeu até aquele pouco que tinha. A parábola termina dizendo: "Para aquele que tem a capacidade de dar será dado mais, e daquele que não tem tal capacidade será tirado até aquilo que tem".

Vamos aprender brincando

A frase misteriosa

Coloque, em cada quadradinho de cor semelhante, a letra correspondente que lhe é sugerida no gráfico abaixo. Quanto tiver terminado a operação, você descobrirá qual é a frase misteriosa.

Resposta: Talentos são dons de Deus que todos nós temos de usar.

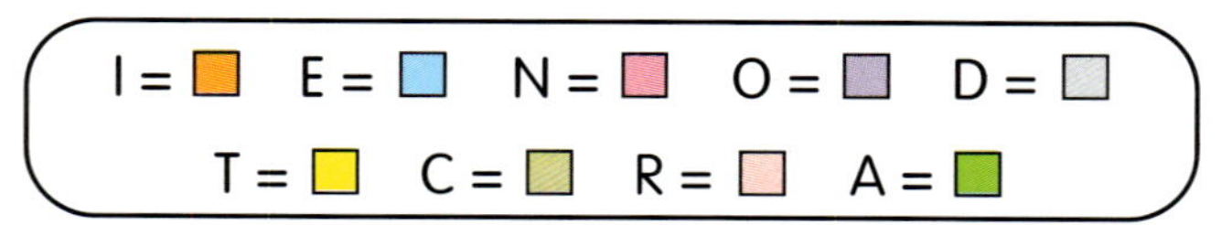

Descubra os verdadeiros talentos!

Pinte de amarelo as moedas que representam os talentos verdadeiros e de cinza, as que não o são.

Escreva outros talentos nas linhas abaixo:

____

____

Se multiplicarmos os "talentos" recebidos, podemos construir

Um mundo cheio de...

Para descobrir, pinte as palavras abaixo conforme a quantidade indicada de bastõezinhos.

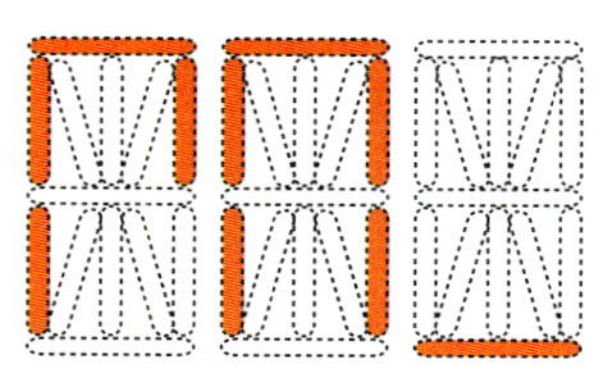

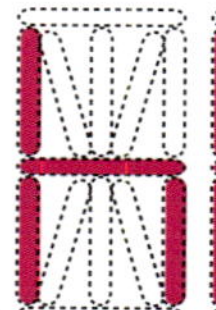

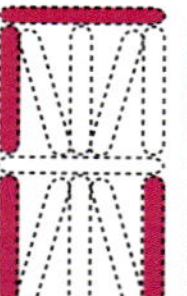

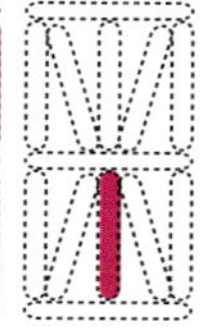

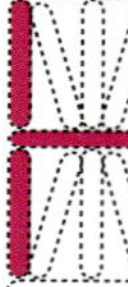

Resposta: PAZ, COMPAIXÃO, AMOR, HARMONIA.